AF188151

Impressum
Verlag: BABADADA GmbH, Nedderfeld 112 , 22529 Hamburg
Geschäftsführer / Verlagsleitung: Harald Hof
Druck: Books on Demand GmbH, In de Tarpen 42, 22848 Norderstedt

Imprint
Publisher: BABADADA GmbH, Nedderfeld 112 , 22529 Hamburg, Germany
Managing Director / Publishing direction: Harald Hof
Print: Books on Demand GmbH, In de Tarpen 42, 22848 Norderstedt, Germany

school
škola

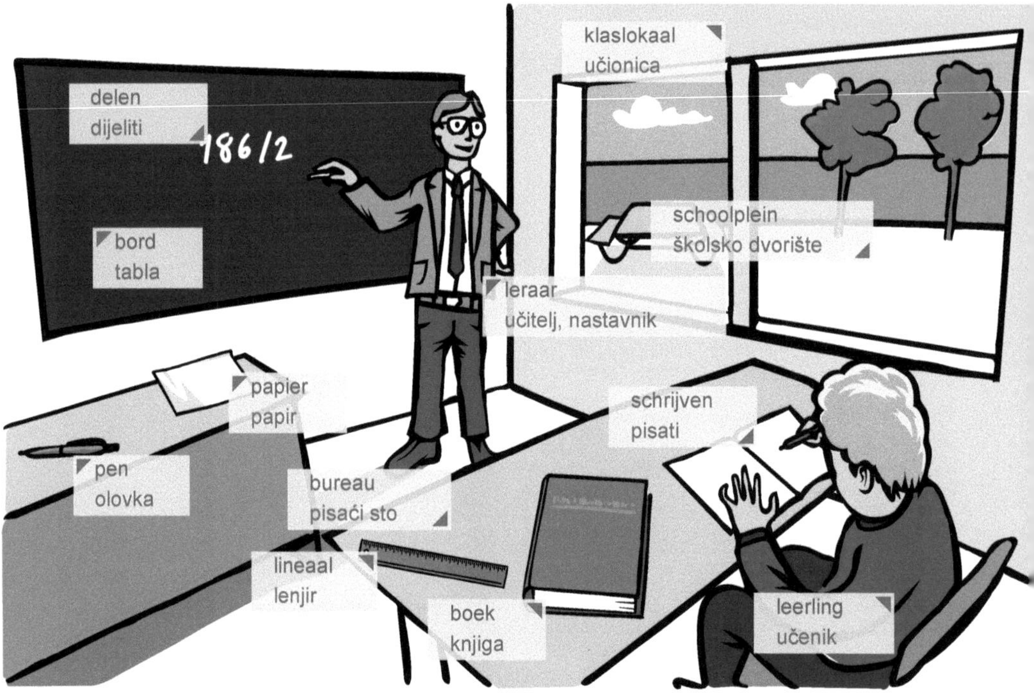

klaslokaal
učionica
delen
dijeliti
186/2
bord
tabla
schoolplein
školsko dvorište
leraar
učitelj, nastavnik
papier
papir
schrijven
pisati
pen
olovka
bureau
pisaći sto
lineaal
lenjir
boek
knjiga
leerling
učenik

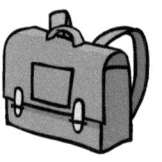

schooltas

torba

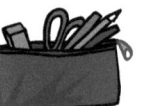

etui

pernica

potlood

drvena olovka

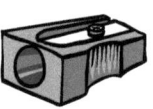

puntenslijper

šiljalo za olovke

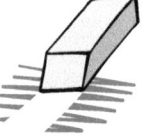

gum

gumica

schetsblok

blok za crtanje

tekening

crtež

penseel

kist

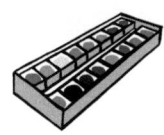

verfdoos

kutija s bojama

schaar

makaze

lijm

ljepilo

schrift

vježbanka

huiswerk

domaća zadaća

getal

broj

optellen

sabirati

aftrekken

oduzimati

vermenigvuldigen

množiti

rekenen

računati

letter

slovo

alfabet

abeceda

woord

riječ

tekst

tekst

lezen

čitati

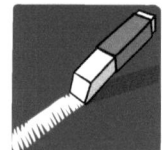

krijt

kreda

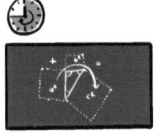

les

sat

klassenboek

školski dnevnik

examen

ispit

diploma

svjedočanstvo

schooluniform

školska uniforma

opleiding

izobrazba

encyclopedie

leksikon

universiteit

univerzitet

microscoop

mikroskop

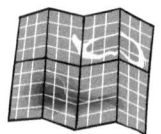

kaart

karta

prullenmand

korpa za papir

4   school - škola

reis
putovanje

hotel
hotel
Grand
hostel
hostel
ROOMS
wisselkantoor
mjenjačnica
CHANGE
koffer
kofer
auto
auto

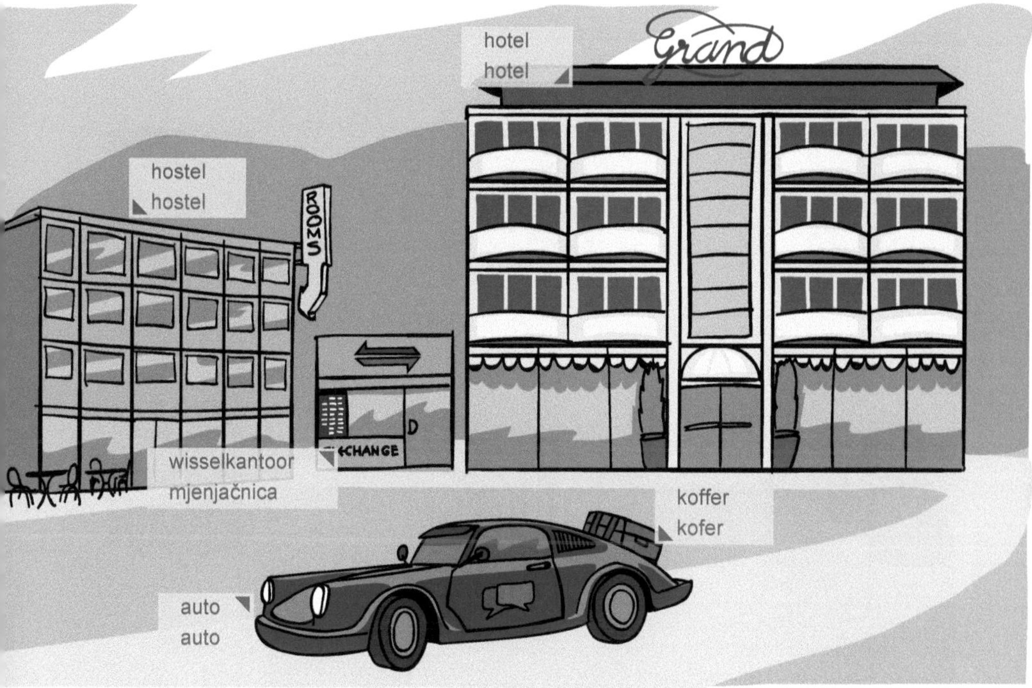

taal
jezik

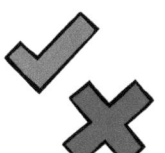

ja / nee
da / ne

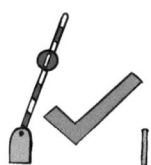

oké
okej

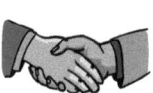

Hallo!
zdravo

tolk
tumač

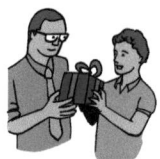

Bedankt.
hvala

Wat kost ...?

Koliko košta...?

Ik begrijp het niet.

Ne razumijem

probleem

problem

Goedenavond!

dobro veče!

Goedemorgen!

Dobro jutro!

Goedenacht!

Laku noć!

Tot ziens!

doviđenja

richting

smjer

bagage

prtljag

tas

torba

rugzak

ruksak

gast

gost

kamer

soba

slaapzak

vreća za spavanje

tent

šator

VVV-kantoor

turističke informacije

strand

plaža

creditkaart

kreditna kartica

ontbijt

doručak

lunch

ručak

diner

večera

kaartje

putna karta

lift

lift

postzegel

poštanska markica

grens

granica

douane

carina

ambassade

ambasada

visum

viza

paspoort

pasoš

transport

transport

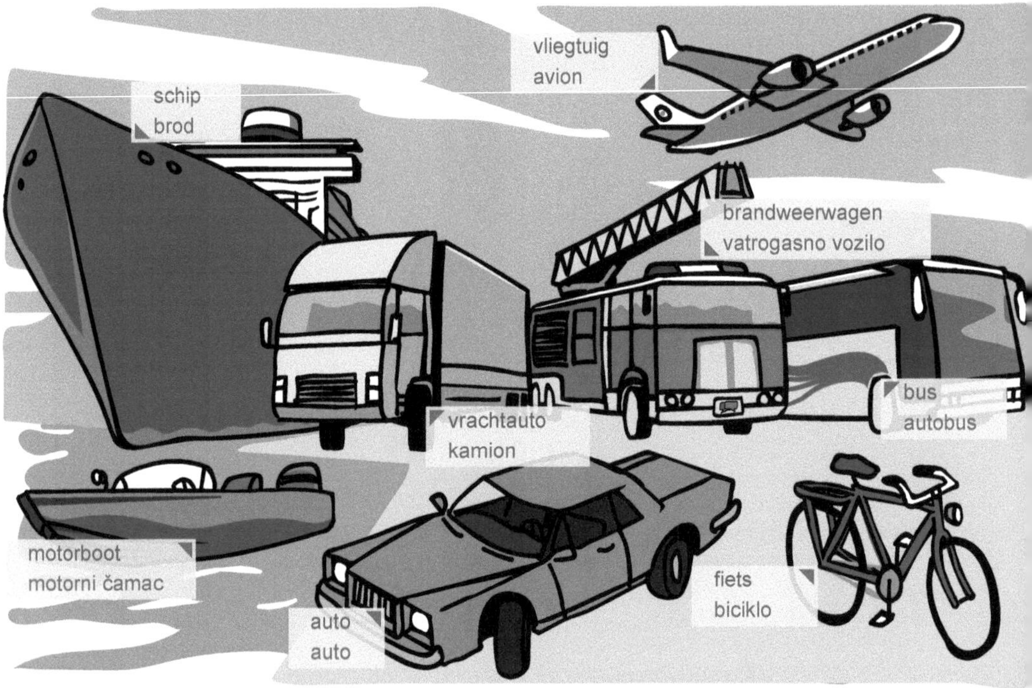
vliegtuig
avion
schip
brod
brandweerwagen
vatrogasno vozilo
bus
autobus
vrachtauto
kamion
motorboot
motorni čamac
fiets
biciklo
auto
auto

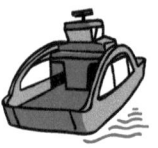

veerboot

trajekt

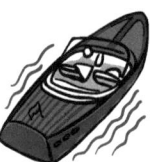

boot

brod

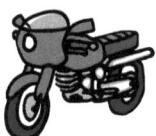

motorfiets

motocikl

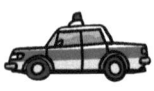

politiewagen

policijski automobil

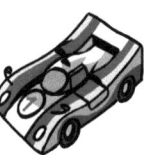

raceauto

trkaći automobil

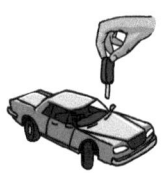

huurauto

unajmljeni automobil

carsharing

kar-šering

takelwagen

pauk

vuilniswagen

smećarsko vozilo

motor

motor

benzine

gorivo

benzinepomp

benzinska pumpa

verkeersbord

saobraćajni znak

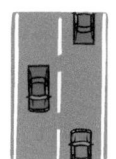

verkeer

saobraćaj

file

zastoj

parkeerplaats

parking

station

željeznička stanica

rails

šine

trein

voz

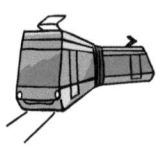

tram

tramvaj

wagon

vagon

helikopter
helikopter

luchthaven
aerodrom

toren
toranj

passagier
putnik

container
kontejner

verhuisdoos
karton

kar
tačke

mand
korpa

opstijgen / landen
poletjeti / sletjeti

stad
grad

dorp
selo

stadscentrum
centar grada

huis
kuća

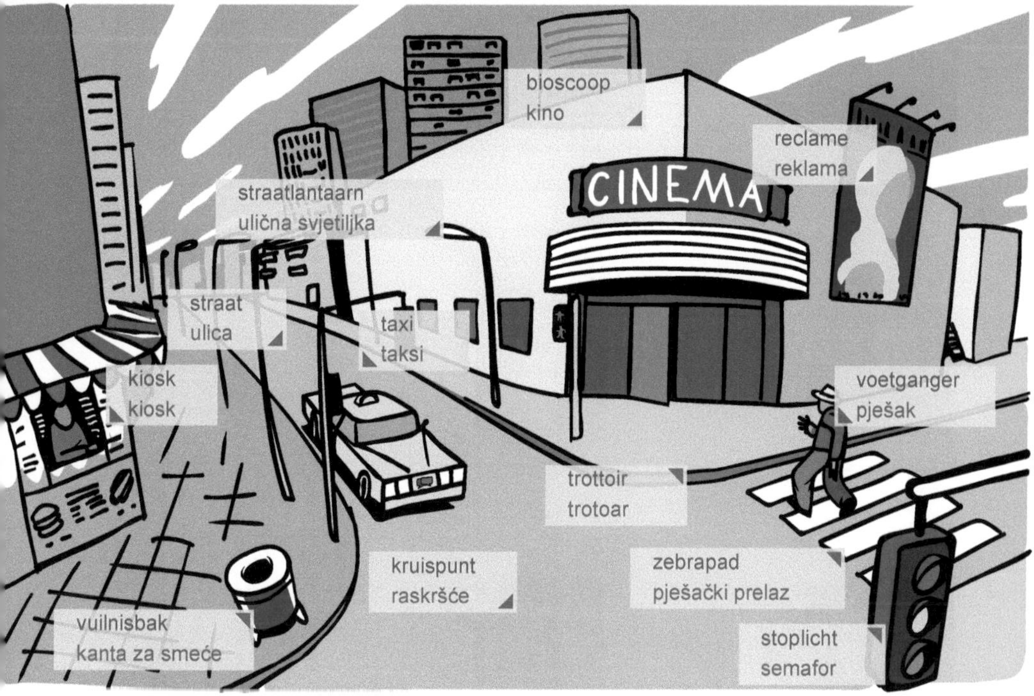

bioscoop
kino

reclame
reklama

straatlantaarn
ulična svjetiljka

straat
ulica

taxi
taksi

voetganger
pješak

kiosk
kiosk

trottoir
trotoar

kruispunt
raskršće

zebrapad
pješački prelaz

vuilnisbak
kanta za smeće

stoplicht
semafor

hut

koliba

appartement

stan

station

željeznička stanica

stadhuis

vjećnica

museum

muzej

school

škola

stad - grad

universiteit

univerzitet

bank

banka

ziekenhuis

bolnica

hotel

hotel

apotheek

apoteka

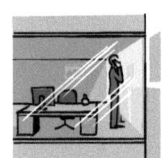

kantoor

ured

boekenwinkel

knjižara

winkel

radnja

bloemenwinkel

cvjećara

supermarkt

supermarket

markt

pijaca

warenhuis

robna kuća

visboer

prodavač ribe

winkelcentrum

trgovački centar

haven

luka

park
park

bank
klupa

brug
most

trap
stepenice

metro
podzemna željeznica

tunnel
tunel

bushalte
autobuska stanica

bar
bar

restaurant
restoran

brievenbus
poštanski sandučić

straatnaambord
saobraćajni znak

parkeermeter
sat za naplatu parkinga

dierentuin
zoološki vrt

zwembad
bazen

moskee
džamija

boerderij

seosko imanje

vervuiling

zagađenje okoline

begraafplaats

groblje

kerk

crkva

speelplaats

igralište

tempel

hram

landschap
krajolik

blad
list

wegwijzer
putokaz

weg
putokaz

weide
livada

steen
kamen

wandelaar
putnik

boom
drvo

rivier
rijeka

gras
trava

bloem
cvijet

vallei
dolina

berg
brdo

meer
jezero

bos
šuma

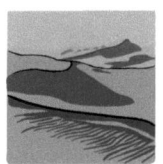

woestijn
pustinja

vulkaan
vulkan

kasteel
dvorac

regenboog
duga

paddenstoel
gljiva

palmboom
palma

mug
komarac

vlieg
muha

mier
mrav

bij
pčela

spin
pauk

kever
buba

kikker
žaba

eekhoorn
vjeverica

egel
jež

haas
zec

uil
sova

vogel
ptica

zwaan
labud

wild zwijn
divlja svinja

hert
jelen

eland
los

stuwdam
brana

windmolen
vjetrenjača

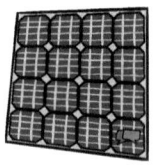

zonnepaneel
solarni modul

klimaat
klima

restaurant
restoran

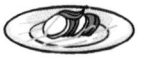

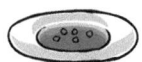

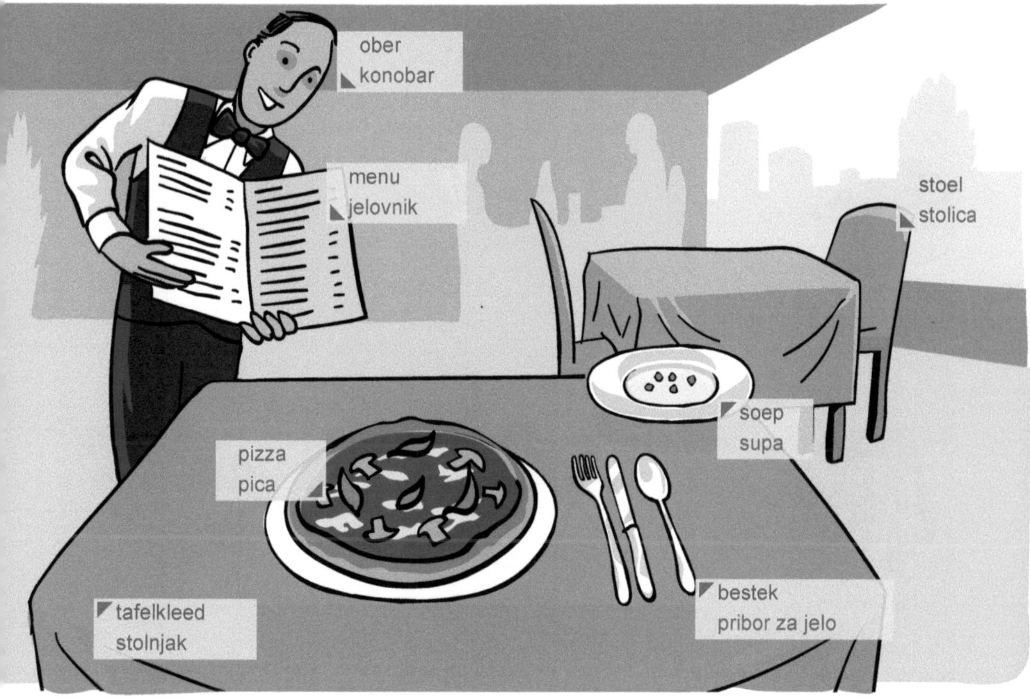

ober
konobar
menu
jelovnik
stoel
stolica
soep
supa
pizza
pica
tafelkleed
stolnjak
bestek
pribor za jelo

voorgerecht

predjelo

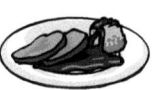

hoofdgerecht

glavno jelo

toetje

desert

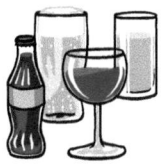

dranken

piće

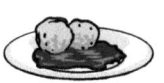

eten

jelo

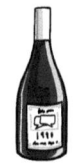

fles

flaša

fastfood
brza hrana

eetkraampje
jelo sa ulice

theepot
čajnik

suikerpot
šećernica

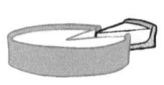

portie
porcija

espressomachine
mašina za espreso

kinderstoel
barska stolica

rekening
račun

dienblad
tacna

mes
nož

vork
viljuška

lepel
kašika

theelepel
kašičica

servet
salveta

glas
čaša

restaurant - restoran

bord

tanjir

soepbord

tanjir za supu

schotel

tanjurić

saus

sos

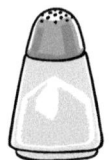

zoutvaatje

solanik

pepermolen

mlin za biber

azijn

sirće

olie

ulje

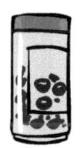

kruiden

začini

ketchup

kečap

mosterd

senf

mayonaise

majoneza

supermarkt

supermarket

aanbieding
ponuda
FOR
klant
klijent
zuivelproducten
mliječni proizvodi
fruit
voće
winkelwagen
kolica za kupovinu

BUTCHERS

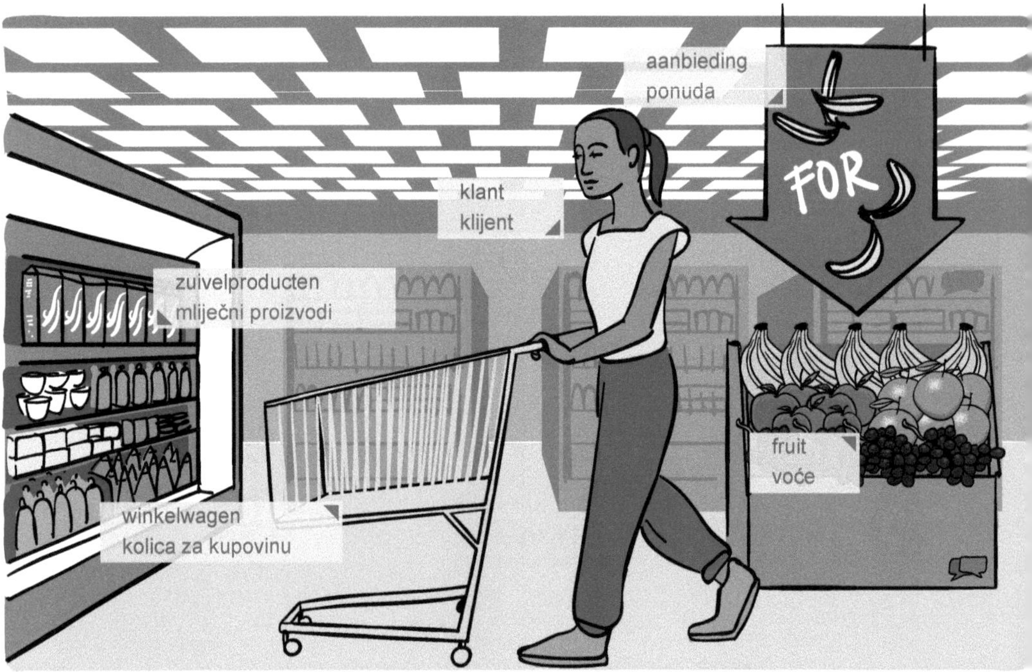

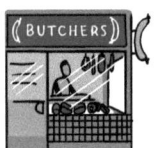

slager

mesnica- klaonica

BAKERY

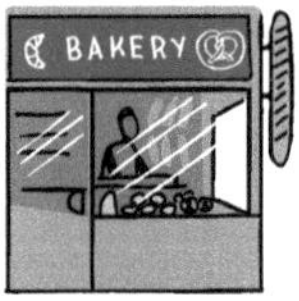

bakkerij

pekara

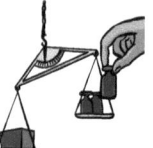

wegen

vagati

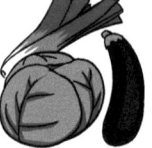

groente

povrće

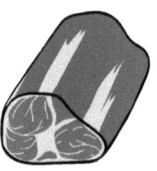

vlees

meso

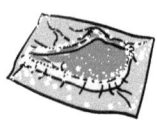

diepvriesproducten

zaleđena hrana

vleeswaren

narezak

conserven

konzerve

wasmiddel

prašak za veš

snoepgoed

slatkiši

huishoudelijke artikelen

kućanski proizvodi

schoonmaakmiddel

sredstvo za čišćenje

verkoopster

prodavačica

kassa

kasa

kassier

blagajnik

boodschappenlijstje

lista za kupovinu

openingstijden

radno vrijeme

portefeuille

novčanik

creditkaart

kreditna kartica

tas

torba

plastic zak

najlonska vrećica

water
voda

sap
sok

melk
mlijeko

cola
kola

wijn
vino

bier
pivo

alcohol
alkohol

chocolademelk
kakao

thee
čaj

koffie
kafa

espresso
espreso

cappuccino
kapućino

banaan

banana

appel

jabuka

sinaasappel

narandža

watermeloen

lubenica

citroen

limun

wortel

mrkva

knoflook

bijeli luk

bamboe

bambus

ui

crveni luk

paddenstoel

gljiva

noten

orašasti plodovi

pasta

pasta

spaghetti

špagete

rijst

riža

salade

salata

friet

pomfrit

gebakken aardappelen

pečeni krompir

pizza

pica

hamburger

hamburger

sandwich

sendvič

schnitzel

šnicla

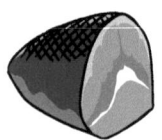

ham

šunka

salami

kobasica

worst

kobasica

kip

kokoš

gebraad

pečenje

vis

riba

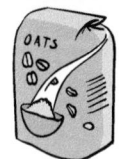

havermout

zobene pahuljice

muesli

muzli

cornflakes

kornfleks

meel

brašno

croissant

kroason

broodjes

zemičke

brood

kruh

toast

tost

koekjes

keksi

boter

maslac

kwark

svježi sir

taart

kolač

ei

jaje

gebakken ei

jaje na oko

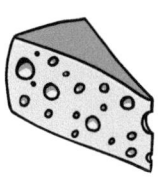

kaas

sir

ijs

sladoled

suiker

šećer

honing

med

jam

marmelada

chocoladepasta

nugat krema

kerrie

kuri

boerderij
seosko imanje

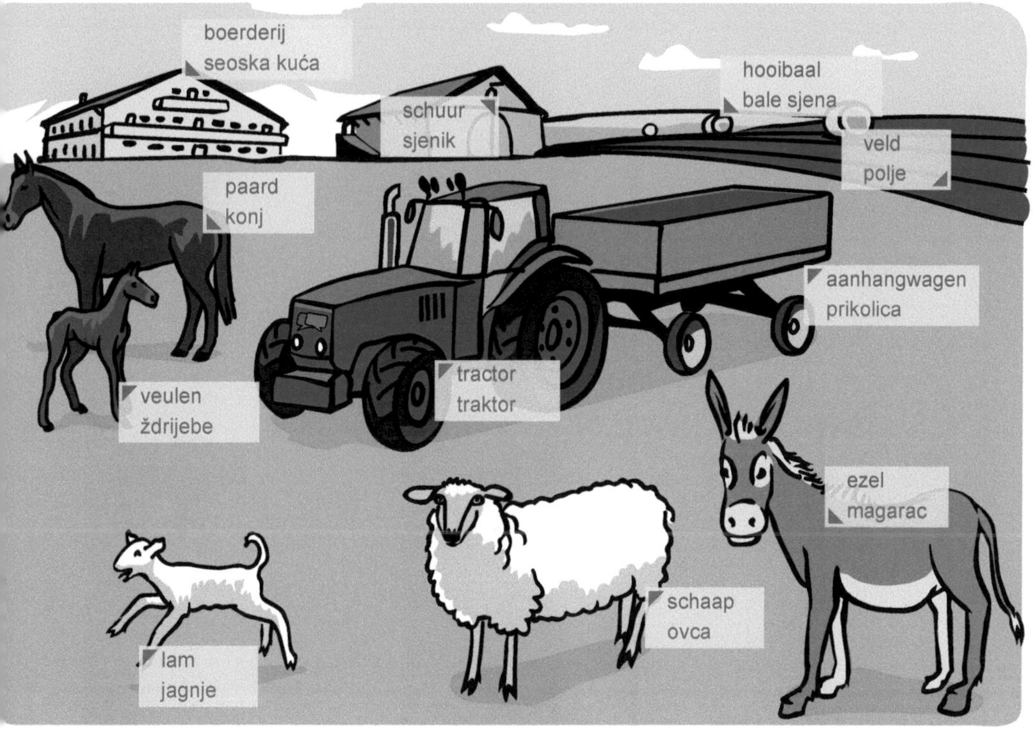

boerderij
seoska kuća
schuur
sjenik
hooibaal
bale sjena
veld
polje
paard
konj
aanhangwagen
prikolica
tractor
traktor
veulen
ždrijebe
ezel
magarac
schaap
ovca
lam
jagnje

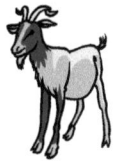

geit

koza

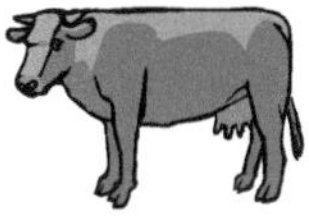

koe

krava

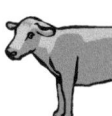

kalf

tele

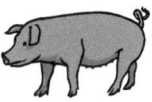

varken

svinja

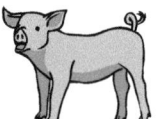

big

prase

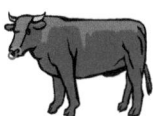

stier

bik

gans

guska

eend

patka

kuiken

pile

kip

kokoška

haan

pjetao

rat

pacov

kat

mačka

muis

miš

os

vol

hond

pas

hondenhok

pseća kućica

tuinslang

crijevo za baštu

gieter

kanta za zalijevanje

zeis

kosa

ploeg

plug

sikkel

srp

schoffel

motika

hooivork

vile

bijl

sjekira

kruiwagen

tačke

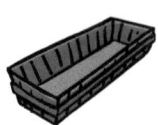

trog

korito

melkbus

bokal za mlijeko

zak

vreća

hek

ograda

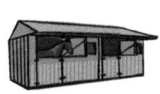

stal

štala

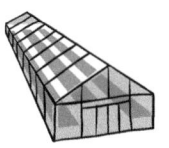

broeikas

staklenik

grond

tlo

zaad

sjeme

mest

đubrivo

maaidorser

kombajn

oogsten
kositi

oogst
žetva

yam
jam korijen

tarwe
pšenica

soja
soja

aardappel
krompir

maïs
kukuruz

koolzaad
uljana repica

fruitboom
drvo voća

maniok
manioka

granen
žito

huis
kuća

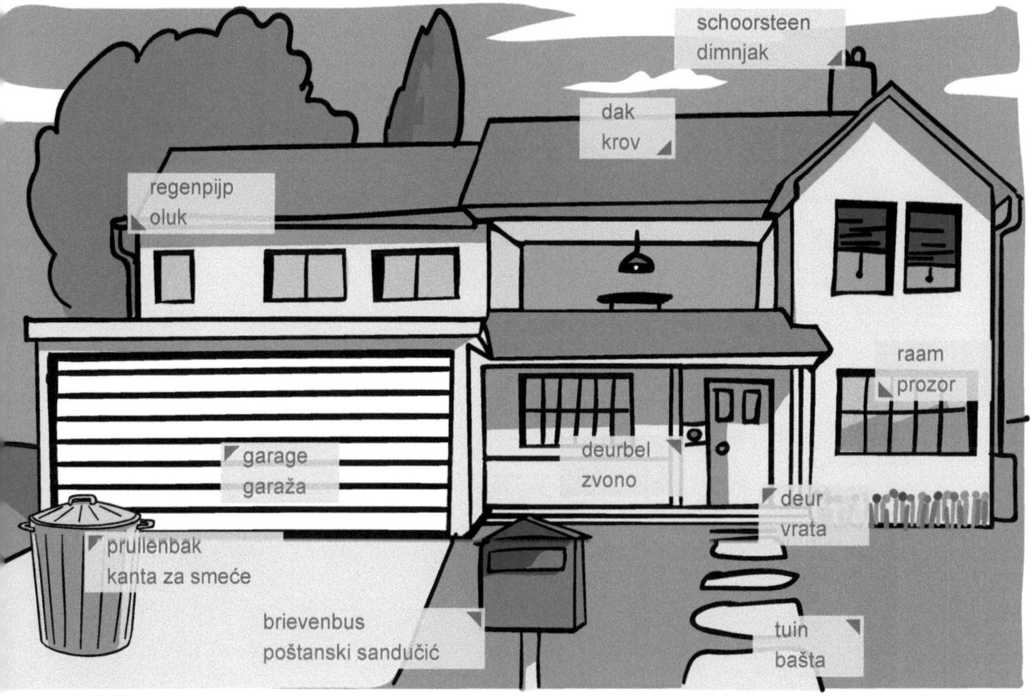
schoorsteen
dimnjak
dak
krov
regenpijp
oluk
raam
prozor
garage
garaža
deurbel
zvono
deur
vrata
prullenbak
kanta za smeće
brievenbus
poštanski sandučić
tuin
bašta

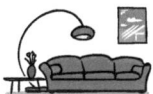

woonkamer

dnevni boravak

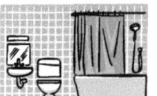

badkamer

kupatilo

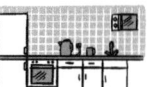

keuken

kuhinja

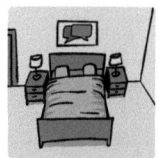

slaapkamer

spavaća soba

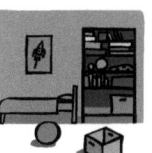

kinderkamer

dječija soba

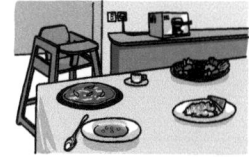

eetkamer

trpezarija

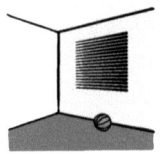

vloer
pod, tlo

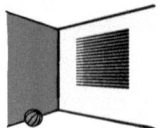

muur
zid

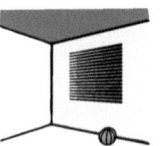

plafond
plafon

kelder
podrum

sauna
sauna

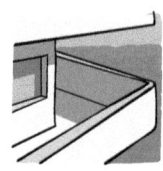

balkon
balkon

terras
terasa

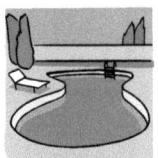

zwembad
bazen

grasmaaier
kosilica

laken
posteljina

bedsprei
pokrivač

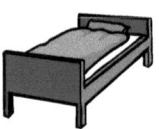

bed
krevet

bezem
metla

emmer
kanta

schakelaar
prekidač

woonkamer
dnevni boravak

behang
tapeta
foto
fotografija
lamp
lampa
plank
polica
kast
ormar
televisie
televizija
open haard
dimnjak
bloem
cvijet
kussen
jastuk
bankstel
kauč
vaas
vaza
afstandsbediening
daljinski upravljač

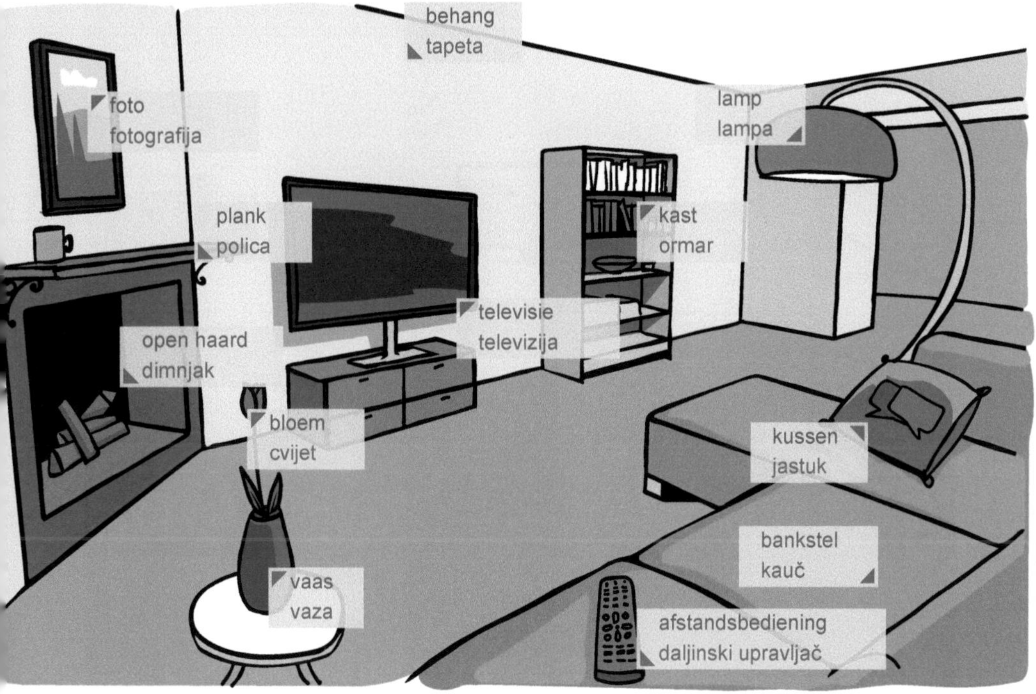

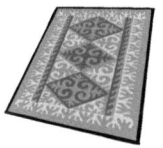

tapijt

tepih

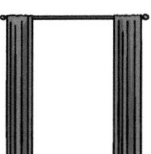

gordijn

zavjesa

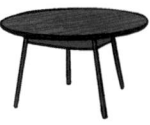

tafel

stol

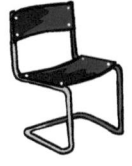

stoel

stolica

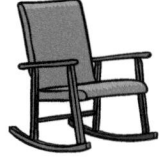

schommelstoel

stolica za ljuljanje

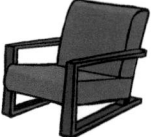

stoel

fotelja

boek

knjiga

deken

deka

decoratie

dekoracija

brandhout

ložno drvo

film

film

stereo-installatie

stereo uređaj

sleutel

ključ

krant

novine

schilderij

umjetnička slika

poster

poster

radio

radio

kladblok

blok za bilješke

stofzuiger

usisavač

cactus

kaktus

kaars

svijeća

keuken
kuhinja

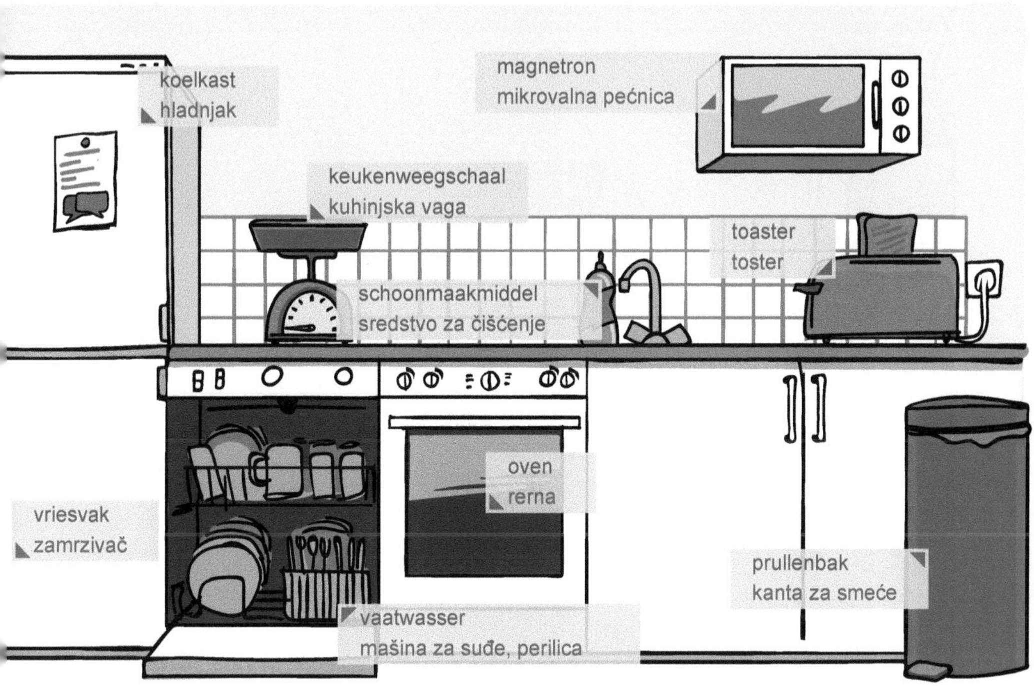
koelkast
hladnjak
magnetron
mikrovalna pećnica
keukenweegschaal
kuhinjska vaga
toaster
toster
schoonmaakmiddel
sredstvo za čišćenje
oven
rerna
vriesvak
zamrzivač
prullenbak
kanta za smeće
vaatwasser
mašina za suđe, perilica

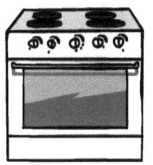

fornuis

peć

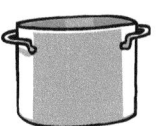

pan

lonac

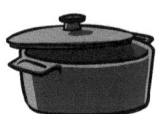

gietijzeren pan

metalni lonac

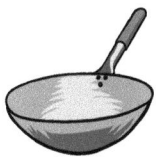

wok / kadai

vok / kadai

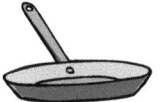

koekenpan

tava, tiganj

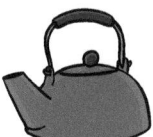

ketel

kuhalo

stoomkoker

aparat za kuhanje na pari

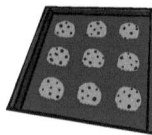

bakplaat

lim za pečenje

servies

posuđe

beker

šalica

kom

činija

eetstokjes

kineski štapići

soeplepel

kutlača

spatel

lopatica

garde

metlica za snijeg bjelanjca

vergiet

sito za kuhanje

zeef

sito

rasp

ribež

vijzel

avan s tučkom

barbecue

roštilj

vuurhaard

ložište

snijplank

daska

deegroller

oklagija

kurkentrekker

vadičep

blik

konzerva

blikopener

otvarač za konzerve

pannenlap

krpe za lonac

wasbak

sudoper

borstel

četka

spons

spužva

blender

mikser

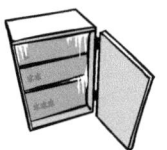

vriezer

zamrzivač

babyflesje

flašica za bebu

kraan

slavina

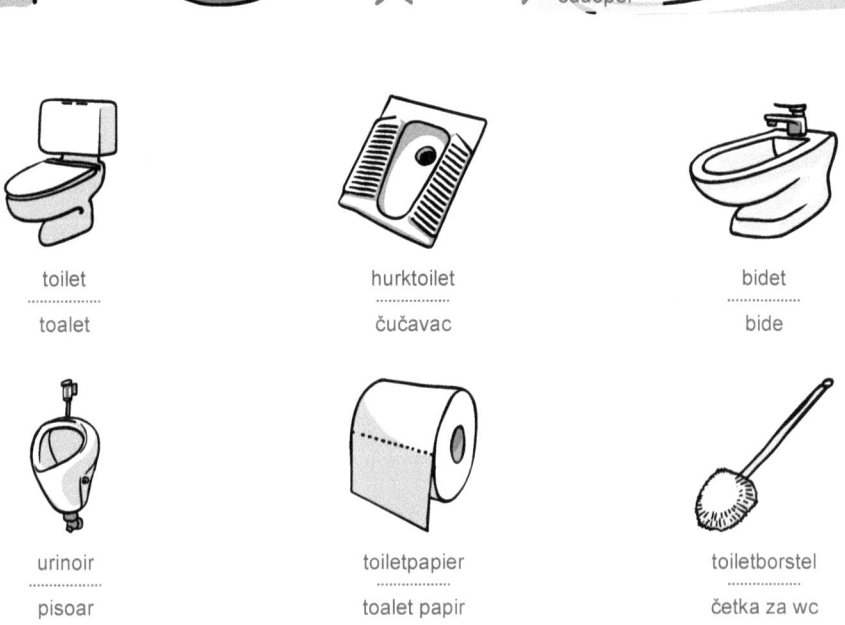

badkamer
kupatilo

douche
tuš
verwarming
grijanje
handdoek
peškir
douchegordijn
zavjesa za tuš
bubbelbad
pjenušava kupka
bad
kada
glas
čaša
wasmachine
mašina za veš
kraan
slavina
tegels
pločice
potje
dječja kahlica
wasbak
sudoper

toilet
toalet

hurktoilet
čučavac

bidet
bide

urinoir
pisoar

toiletpapier
toalet papir

toiletborstel
četka za wc

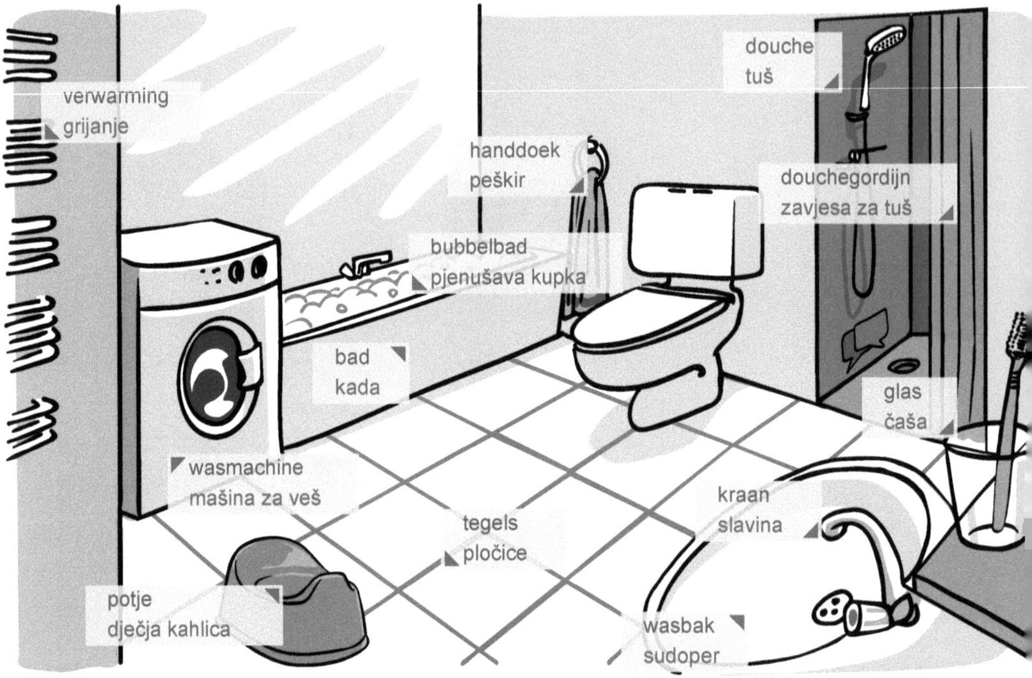

tandenborstel

četkica za zube

tandpasta

pasta za zube

flosdraad

zubni konac

wassen

prati

handdouche

tuš

toiletdouche

intimni tuš

waskom

lavor

rugborstel

četka za leđa

zeep

sapun

douchegel

gel za tuširanje

shampoo

šampon

washanje

krpe za pranje

afvoer

odvod

creme

krema

deodorant

dezodorans

spiegel

ogledalo

make-upspiegel

ogledalo za šminkanje

scheermes

brijač

scheerschuim

pjena za brijanje

aftershave

vodica poslije brijanja

kam

češalj

borstel

četka

haardroger

fen

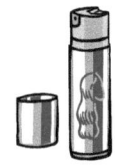

haarspray

sprej za kosu

make-up

puder

lippenstift

karmin

nagellak

lak za nokte

watten

vata

nagelschaartje

makazice za nokte

parfum

parfem

toilettas

kozmetička torbica

kruk

hoklica

weegschaal

vaga

badjas

kupaći ogrtač

rubber handschoenen

rukavice za čišćenje

tampon

tampon

maandverband

uložak za dame

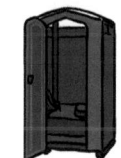

chemisch toilet

hemijski toalet

kinderkamer
dječija soba

wekker
budilnik
knuffeldier
plišana igračka
speelgoedauto
auto za igru
rammelaar
zvečka
poppenhuis
kućica za lutke
cadeau
poklon

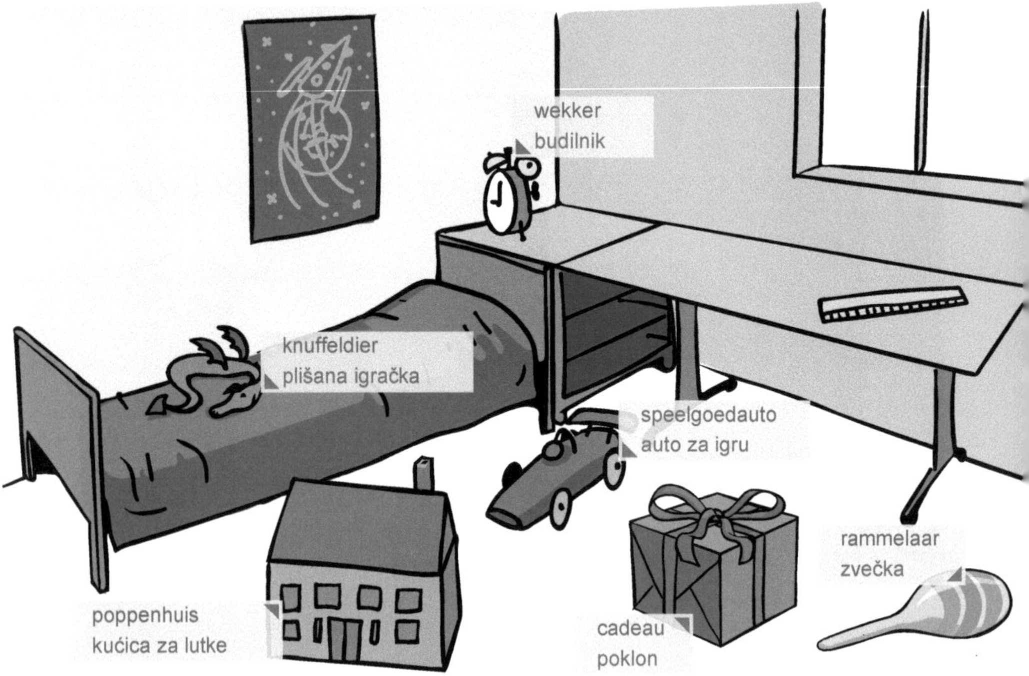

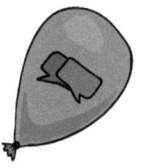

ballon

balon

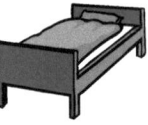

bed

krevet

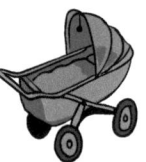

kinderwagen

kolica za djecu

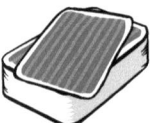

kaartspel

karte za igranje

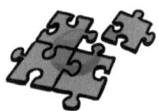

puzzel

puzle

stripverhaal

strip

legostenen

lego kockice

speelgoedblokken

kockice za gradnju

actiefiguurtje

akcione figure

romper

benkica

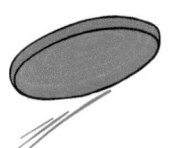

frisbee

frizbi

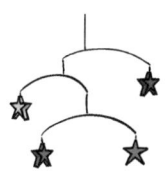

mobile

mobile

bordspel

igra na ploči

dobbelsteen

kocka

modeltrein

miniatura željeznice

speen

cucla

feestje

zabava

prentenboek

slikovnica

bal

lopta

pop

lutka

spelen

igrati

zandbak

pješćanik

schommel

ljuljačka

speelgoed

igračke

spelcomputer

konzola za igru

driewieler

triciklo

teddybeer

medvjedić

kleerkast

ormar

kleding

odjeća

sokken

kratke čarape

kousen

čarape

panty

hulahopke

sjaal
šal

paraplu
kišobran

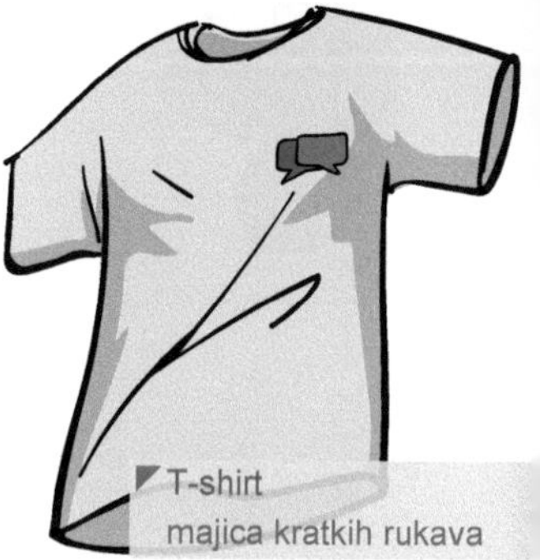

T-shirt
majica kratkih rukava

riem
kaiš

laarzen
čizme

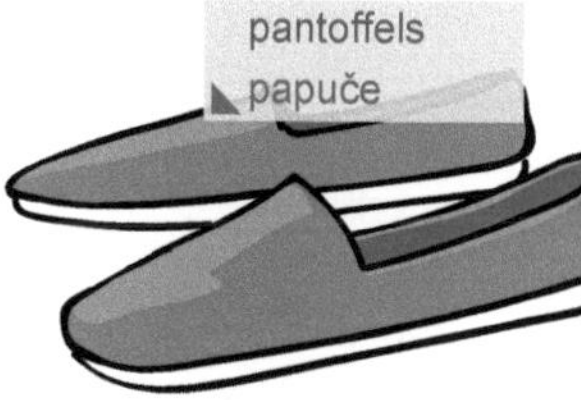

pantoffels
papuče

sportschoenen
patike

sandalen
....
sandale

schoenen
....
cipele

rubberlaarzen
....
gumene čizme

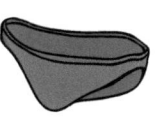

onderbroek
....
gaće

beha
....
grudnjak

onderhemd
....
potkošulja

kleding - odjeća   45

body
bodi

broek
hlače

spijkerbroek
farmerke

rok
suknja

blouse
bluza

overhemd
košulja

trui
džemper

hoody
majica

blazer
sako

jas
jakna

mantel
mantil

regenjas
kišni mantil

kostuum
kostim

jurk
haljina

trouwjurk
vjenčanica

pak

odijelo

nachthemd

spavaćica

pyjama

pidžama

sari

sari

hoofddoek

marama

tulband

turban

boerka

burka

kaftan

kaftan

abaja

abaja

zwempak

kupaći kostim

zwembroek

kupaće gaće

korte broek

kratke hlače

trainingspak

trenerka

schort

pregača

handschoenen

rukavice

knoop

dugme

bril

naočare

armband

narukvica

ketting

ogrlica

ring

prsten

oorbel

naušnica

pet

kapa

kledinghanger

vješalica

hoed

šešir

stropdas

kravata

rits

patentni zatvarač

helm

kaciga

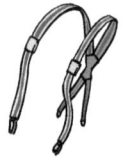

bretels

tregeri za hlače

schooluniform

školska uniforma

uniform

uniforma

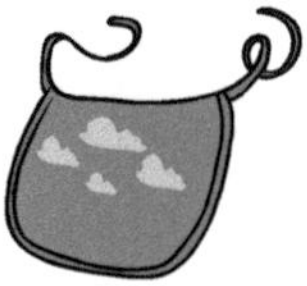

slabbetje

podbradak

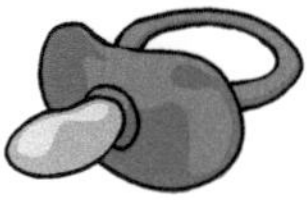

speen

cucla

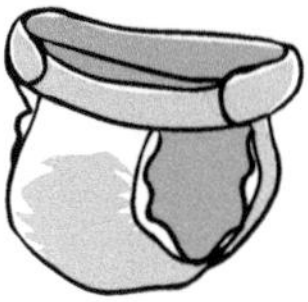

luier

pelene

kantoor
ured

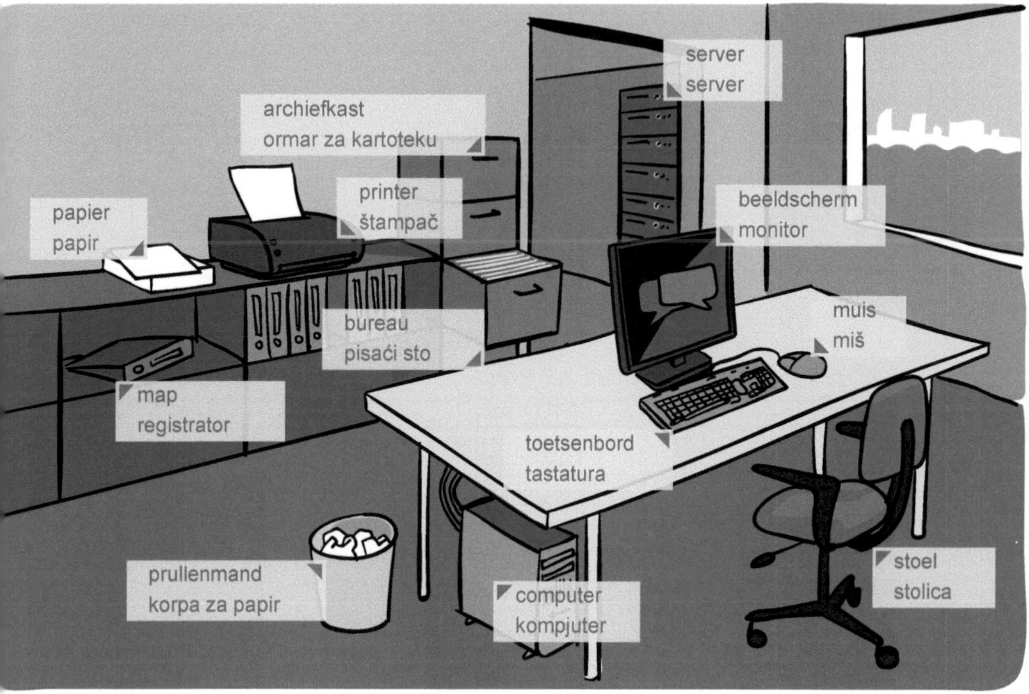
server
server
archiefkast
ormar za kartoteku
printer
štampač
papier
papir
beeldscherm
monitor
bureau
pisaći sto
muis
miš
map
registrator
toetsenbord
tastatura
prullenmand
korpa za papir
computer
kompjuter
stoel
stolica

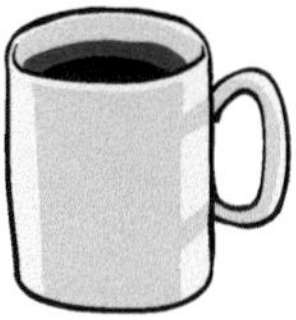

koffiemok

šolja za kafu

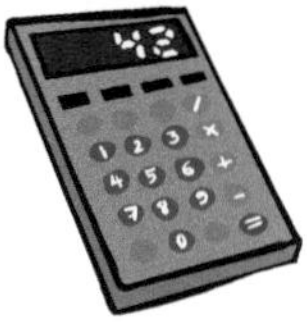

rekenmachine

kalkulator

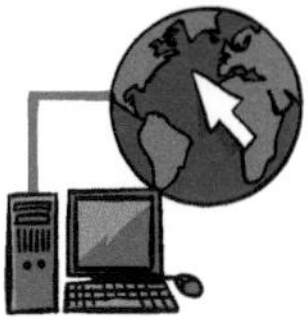

internet

internet

laptop

laptop

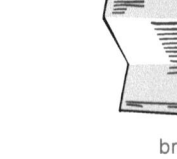

brief

pismo

bericht

poruka

mobiele telefoon

mobilni telefon

netwerk

mreža

kopieermachine

aparat za kopiranje

software

softver

telefoon

telefon

stopcontact

utičnica

fax

faks

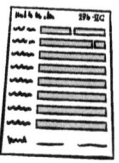

formulier

formular

document

dokument

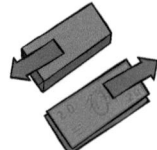

kopen

kupovati

betalen

platiti

handel drijven

trgovati

geld

novac

USD

dollar

dolar

EUR

euro

euro

JPY

yen

jen

RUB

roebel

rublja

CHF

Zwitserse frank

franak

CNY

renminbi yuan

renminbi jen

INR

roepie

rupi

geldautomaat

bankomat

wisselkantoor

mjenjačnica

goud

zlato

zilver

srebro

olie

nafta

energie

energija

prijs

cijena

contract

ugovor

belasting

porez

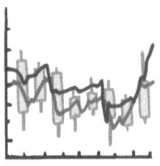

aandeel

akcija

werken

raditi

werknemer

službenik

werkgever

poslodavac

fabriek

fabrika

winkel

radnja

economie - ekonomija

beroepen
zanimanja

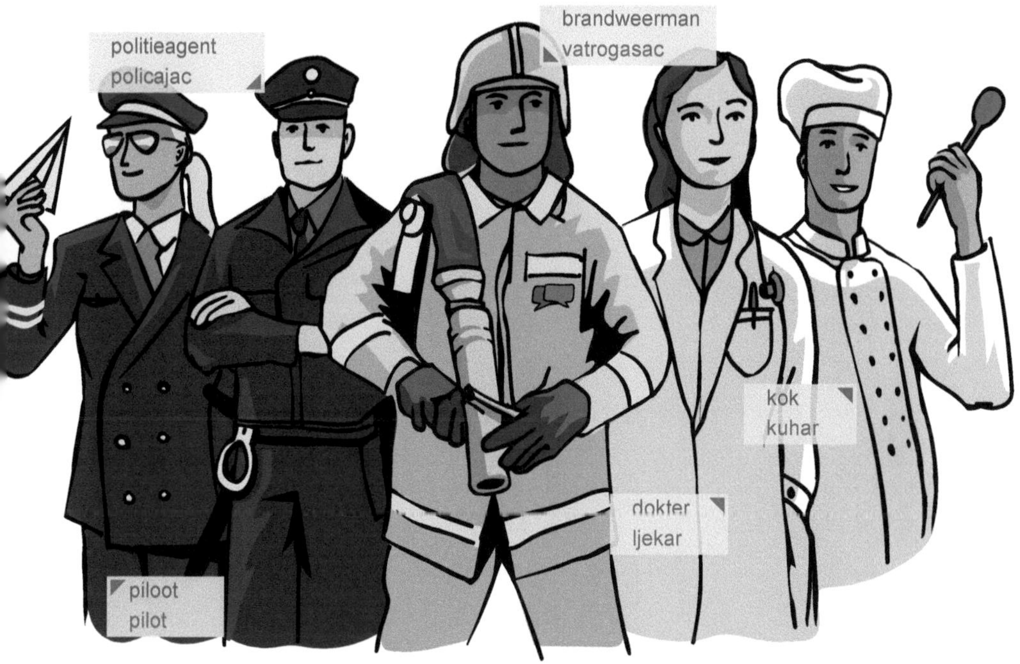
politieagent
policajac
brandweerman
vatrogasac
kok
kuhar
dokter
ljekar
piloot
pilot

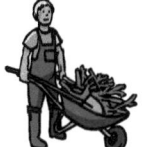

tuinman
baštovan

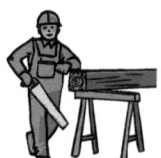

timmerman
stolar

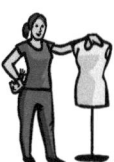

naaister
krojačica

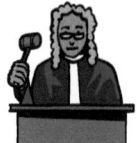

rechter
sudija

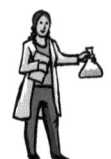

scheikundige
hemičar

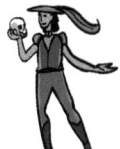

toneelspeler
glumac

buschauffeur

vozač autobusa

taxichauffeur

vozač taksija

visser

ribar

schoonmaakster

čistačica

dakdekker

krovopokrivač

ober

konobar

jager

lovac

schilder

moler

bakker

pekar

elektricien

električar

bouwvakker

građevinski radnik

ingenieur

inženjer

slager

koljač

loodgieter

limar, vodoinstalater

postbode

poštar

soldaat

vojnik

architect

arhitekta

kassier

blagajnik

bloemist

cvjećar

kapper

frizer

conducteur

kontrolor

monteur

mehaničar

kapitein

kapiten

tandarts

zubar

wetenschapper

naučnik

rabbi

rabin

imam

imam

monnik

monah

pastoor

sveštenik

gereedschap
alat

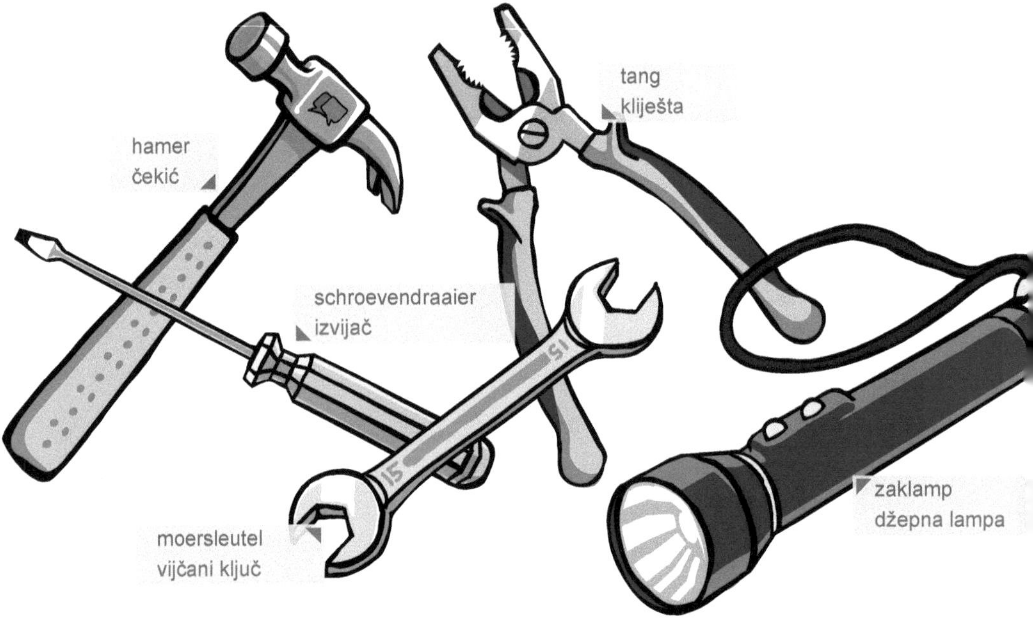
tang
kliješta
hamer
čekić
schroevendraaier
izvijač
zaklamp
džepna lampa
moersleutel
vijčani ključ

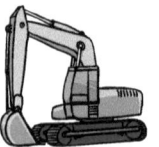

graafmachine

bager

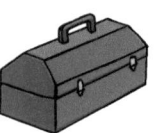

gereedschapskist

kutija sa alatom

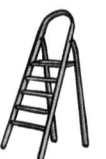

ladder

ljestve

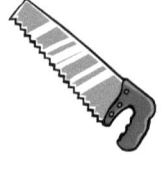

zaag

testera, pila

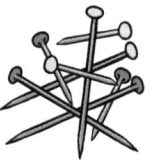

spijkers

ekser

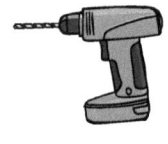

boor

bušilica

repareren

popraviti

schep

lopata

Verdorie!

sranje!

stofblik

lopatica

verfpot

kanta boje

schroeven

vijak

muziekinstrumenten
muzički instrumenti

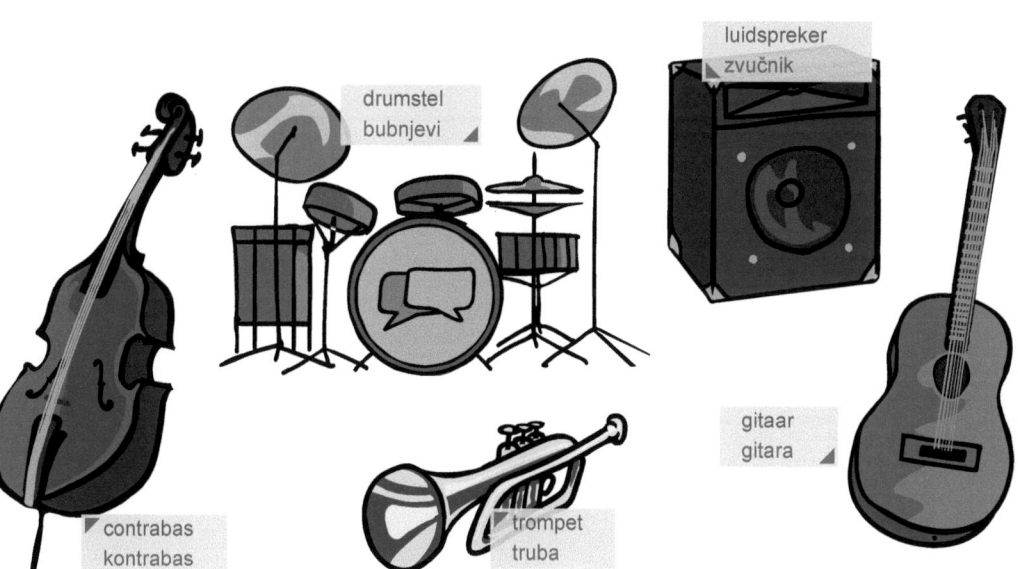

drumstel
bubnjevi

luidspreker
zvučnik

gitaar
gitara

contrabas
kontrabas

trompet
truba

piano

klavir

viool

violina

bas

bas

pauk

bubanj timpani

trommel

bubanj

keyboard

sintisajzer

saxofoon

saksofon

fluit

flauta

microfoon

mikrofon

dierentuin
zološki vrt

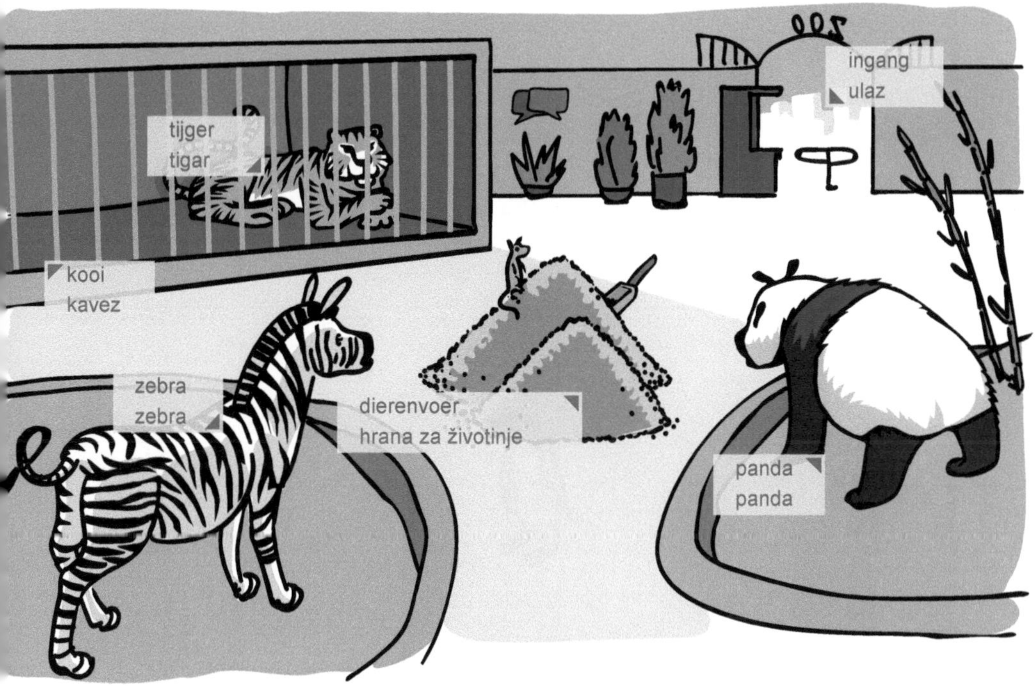

ingang
ulaz
tijger
tigar
kooi
kavez
zebra
zebra
dierenvoer
hrana za životinje
panda
panda

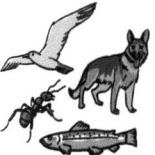

dieren

životinje

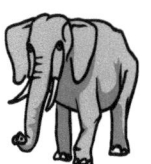

olifant

slon

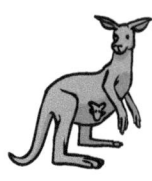

kangoeroe

kengur

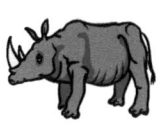

neushoorn

nosorog

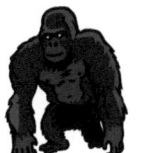

gorilla

gorila

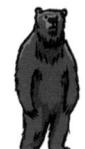

beer

medvjed

kameel

kamila

struisvogel

noj

leeuw

lav

aap

majmun

flamingo

flamingo

papegaai

papagaj

ijsbeer

polarni medvjed

pinguïn

pingvin

haai

morski pas

pauw

paun

slang

zmija

krokodil

krokodil

dierenverzorger

čuvar u zološkom vrtu

zeehond

tuljan

jaguar

jaguar

dierentuin - zološki vrt

pony

poni

luipaard

leopard

nijlpaard

nilski konj

giraffe

žirafa

adelaar

orao

wild zwijn

divlja svinja

vis

riba

schildpad

kornjača

walrus

morž

vos

lisica

gazelle

gazela

American football
američki fudbal

wielrennen
vožnja bicikla

tennis
tenis

basketbal
košarka

zwemmen
plivanje

boksen
boks

ijshockey
hokej na ledu

voetbal
....
fudbal

badminton
....
bedminton

atletiek
....
laka atletika

handbal
....
rukomet

skiën
....
skijanje

polo
....
polo

lachen
smijati se

springen
skakati

knuffelen
zagrliti

lopen
ići

zingen
pjevati

dromen
sanjati

bidden
moliti

kussen
ljubiti

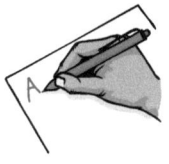

schrijven

pisati

tekenen

crtati

tonen

pokazati

duwen

gurati

geven

dati

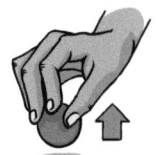

oppakken

uzeti

hebben
imati

doen
raditi

zijn
biti

staan
stajati

rennen
trčati

trekken
vući

gooien
baciti

vallen
pasti

liggen
ležati

wachten
čekati

dragen
nositi

zitten
sjediti

aankleden
obući

slapen
spavati

wakker worden
probuditi

bekijken

pogledati

huilen

plakati

strelen

milovati

kammen

češljati

praten

govoriti

begrijpen

razumjeti

vragen

pitati

horen

slušati

drinken

piti

eten

jesti

opruimen

pospremiti

houden van

voljeti

koken

kuhati

rijden

voziti

vliegen

letjeti

zeilen

jedriti

rekenen

računati

lezen

čitati

leren

učiti

werken

raditi

trouwen

vjenčavti

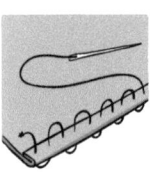

naaien

šiti

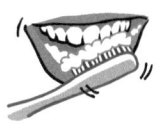

tandenpoetsen

prati zube

doden

ubiti

roken

pušiti

verzenden

slati

familie
porodica

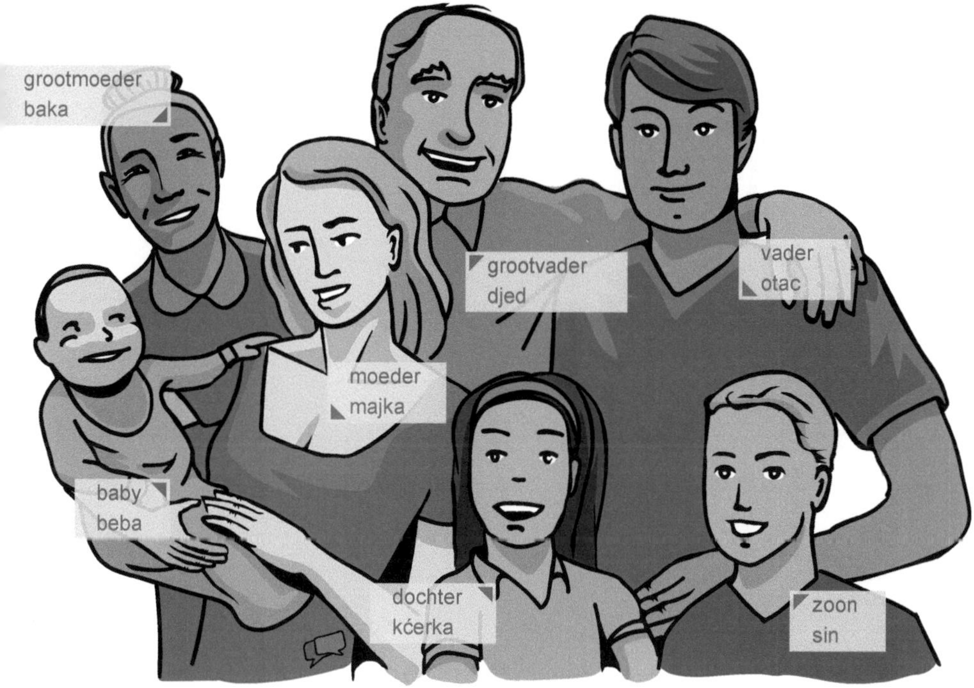
grootmoeder
baka
grootvader
djed
vader
otac
moeder
majka
baby
beba
dochter
kćerka
zoon
sin

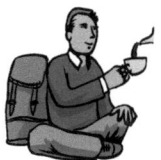

gast
gost

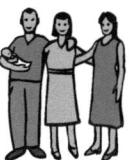

tante
ujna, tetka, strina

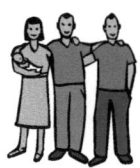

oom
ujak, tetak, stric

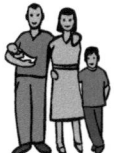

broer
brat

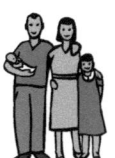

zus
sestra

lichaam

tijelo

voorhoofd
čelo
oog
oko
schouder
leđa
vinger
prst
gezicht
lice
kin
brada
hand
ruka, šaka
borst
grudi
been
noga
arm
ruka

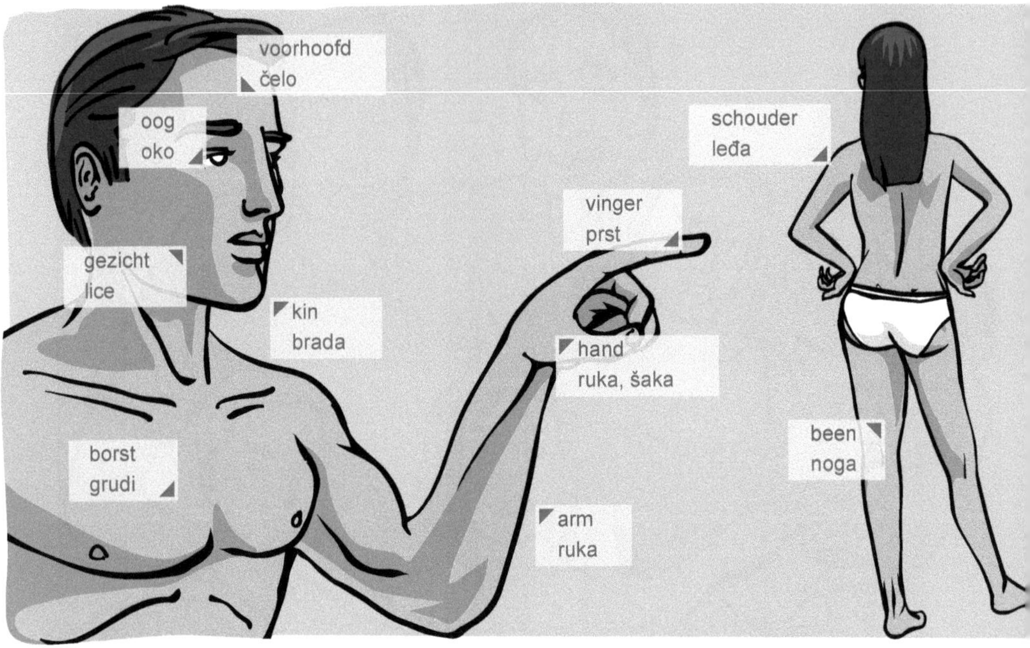

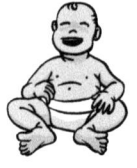

baby
beba

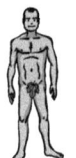

man
muškarac

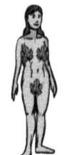

vrouw
žena

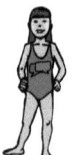

meisje
djevojčica

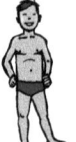

jongen
dječak

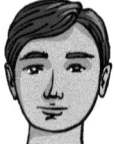

hoofd
glava

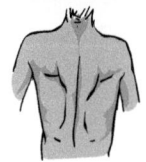

rug

leđa

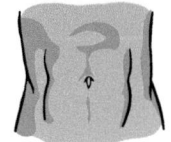

buik

stomak

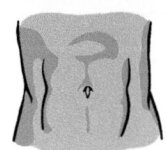

navel

pupak

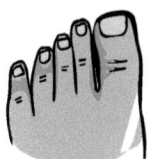

teen

nožni prst

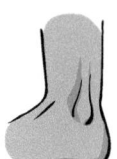

hiel

peta

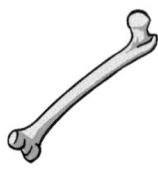

bot

kosti

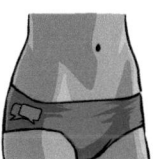

heup

kuk

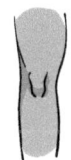

knie

koljeno

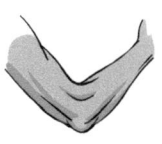

elleboog

lakat

neus

nos

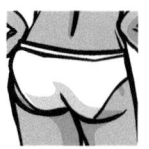

achterwerk

stražnjica

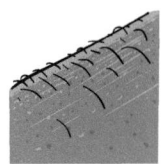

huid

koža

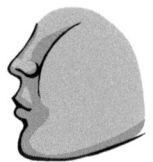

wang

obraz

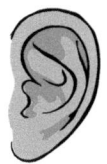

oor

uho

lippen

usna

mond
usta

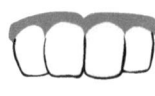

tand
zub

tong
jezik

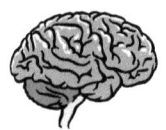

hersenen
mozak

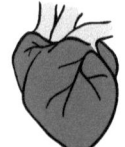

hart
srce

spier
mišić

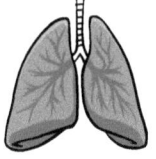

long
pluća

lever
jetra

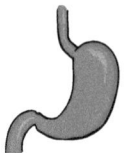

maag
želudac

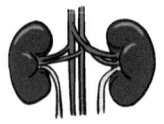

nieren
bubreg

geslachtsgemeenschap
spolni odnos

condoom
kondom

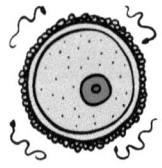

eicel
jajna ćelija

sperma
sperma

zwangerschap
trudnoća

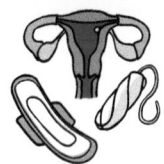

menstruatie

menstruacija

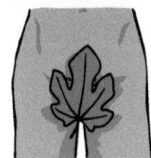

vagina

vagina

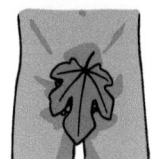

penis

penis

wenkbrauw

obrva

haar

kosa

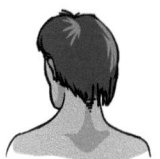

hals

vrat

ziekenhuis
bolnica

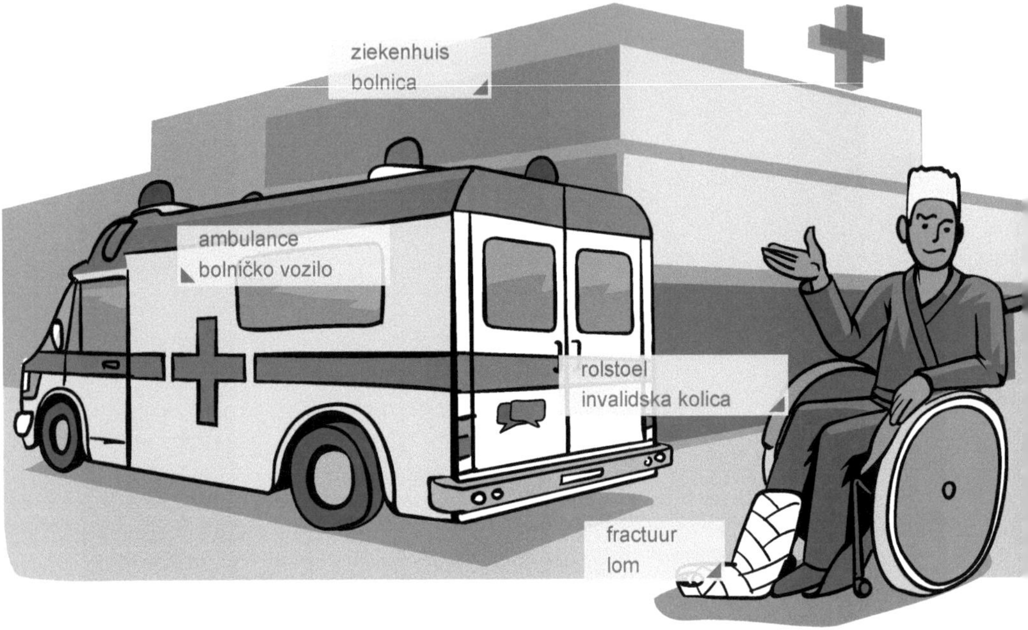

ziekenhuis
bolnica
ambulance
bolničko vozilo
rolstoel
invalidska kolica
fractuur
lom

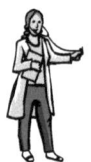

dokter

ljekar

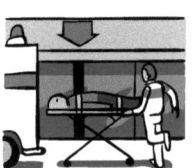

EHBO

hitna služba

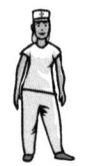

verpleegster

medicinska sestra

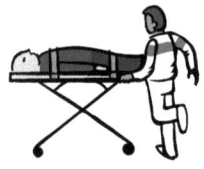

noodgeval

hitna pomoć

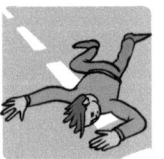

bewusteloos

nesvjest

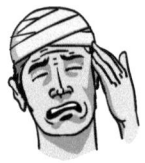

pijn

bol

verwonding

povreda

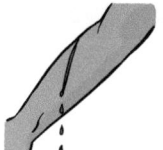

bloeding

krvarenje

hartaanval

srčani udar, infarkt

beroerte

moždani udar

allergie

alergija

hoest

kašalj

koorts

groznica

griep

gripa

diarree

proljev

hoofdpijn

glavobolja

kanker

rak

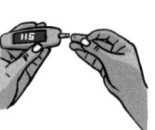

diabetes

dijabetes

chirurg

hirurg

scalpel

skalpel

operatie

operacija

CT
CT

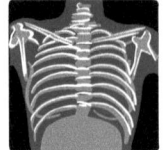

röntgen
rendgen

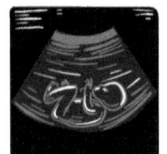

echografie
ultrazvuk

gezichtsmasker
maska

ziekte
bolest

wachtkamer
čekaonica

kruk
štake

pleister
flaster

verband
zavoj

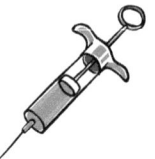

injectie
injekcija

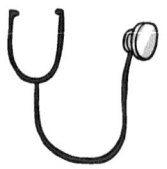

stethoscoop
stetoskop

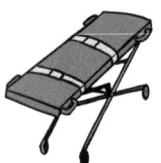

brancard
nosilo

thermometer
termometar

geboorte
porod

overgewicht
prekomjerna težina, debljina

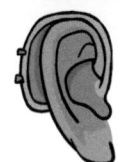

gehoorapparaat

slušni aparat

ontsmettingsmiddel

sredstvo za dezinfekciju

infectie

infekcija

virus

virus

HIV / AIDS

HIV/ AIDS

medicijn

medicina

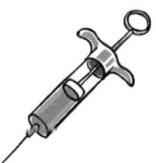

inenting

vakcinacija

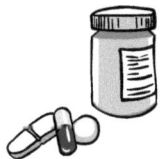

tabletten

tablete

pil

pilula

alarmnummer

hitni poziv

bloeddrukmeter

aparat za mjerenje pritiska

ziek / gezond

bolestan / zdrav

Help!
Upomoć!

alarm
alarm

overval
napad, prepad

aanval
napad

gevaar
opasnost

nooduitgang
izlaz u slučaju opasnosti

Brand!
Požar!

brandblusser
vatrogasni aparat

ongeluk
nezgoda

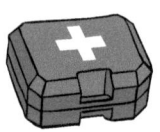

EHBO-koffer
torba prve pomoći

SOS
SOS

politie
policija

Europa

Europa

Noord-Amerika

Sjeverna Amerika

Zuid-Amerika

Južna Amerika

Afrika

Afrika

Azië

Azija

Australië

Australija

Atlantische Oceaan

Atlantik

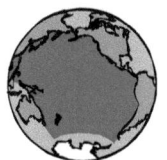

Stille Oceaan

Pacifik

Indische Oceaan

Indijski okean

Zuidelijke Oceaan

Antarktički okean

Noordelijke IJszee

Arktički okean

Noordpool

Sjeverni pol

Zuidpool

Južni pol

Antarctica

Antarktik

aarde

Zemlja

land

zemlja

zee

more

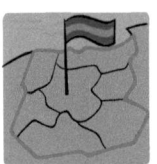

eiland

ostrvo

natie

nacija

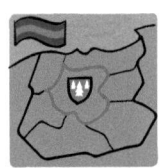

staat

država

wijzerplaat

brojčanik sata

uurwijzer

kazaljka sata

minutenwijzer

kazaljka minute

secondewijzer

kazaljka sekunde

Hoe laat is het?

Koliko je sati?

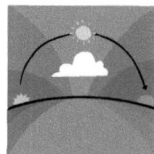

dag

dan

tijd

vrijeme

nu

sada

digitaal horloge

digitalni sat

minuut

minuta

uur

sat

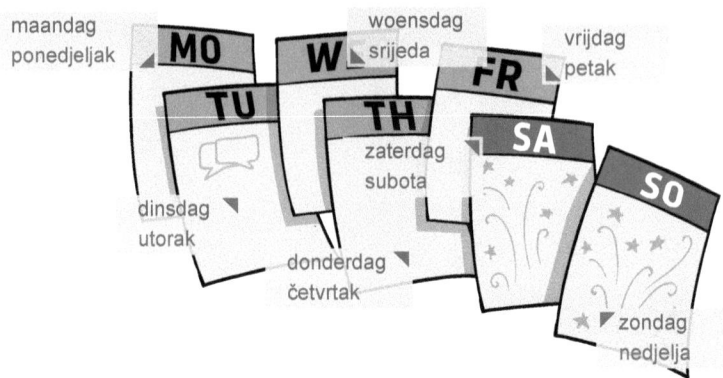

maandag
ponedjeljak

woensdag
srijeda

vrijdag
petak

zaterdag
subota

dinsdag
utorak

donderdag
četvrtak

zondag
nedjelja

gisteren

juče

vandaag

danas

morgen

sutra

ochtend

jutro

middag

podne

avond

veče

MO	TU	WE	TH	FR	SA	SU
1	2	3	4	5	6	7
8	9	10	11	12	13	14
15	16	17	18	19	20	21
22	23	24	25	26	27	28
29	30	31	1	2	3	4

werkdagen

radni dani

MO	TU	WE	TH	FR	SA	SU
1	2	3	4	5	6	7
8	9	10	11	12	13	14
15	16	17	18	19	20	21
22	23	24	25	26	27	28
29	30	31	1	2	3	4

weekend

vikend

regen
kiša

regenboog
duga

wind
vjetar

sneeuw
snijeg

voorjaar
proljeće

herfst
jesen

zomer
ljeto

winter
zima

4.APRIL	11°	☀
5.APRIL	4°	⛆
6.APRIL	13°	⛆
7.APRIL	8°	☀
8.APRIL	10°	☀

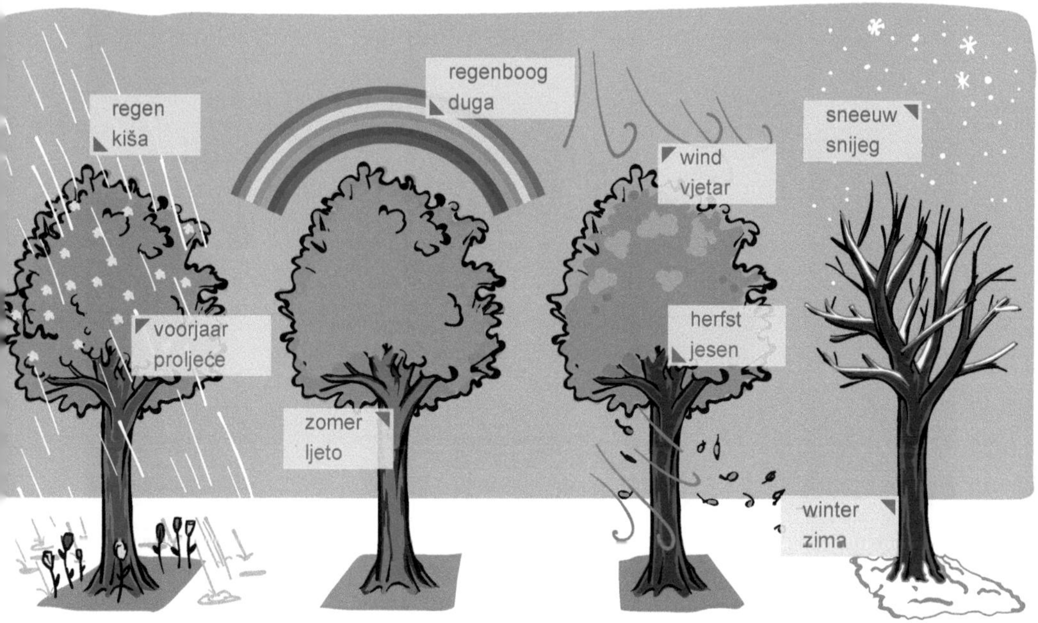

weerbericht

prognoza vremena

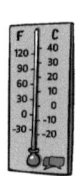

thermometer

termometar

zonneschijn

sunčev sjaj

wolk

oblak

mist

magla

luchtvochtigheid

vlažnost vazduha

bliksem

munja

donder

grom

storm

oluja

hagel

tuča, led

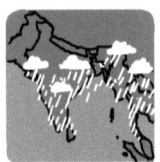

moesson

monsun

overstroming

poplava

ijs

led

januari

januar

februari

februar

maart

mart

april

april

mei

maj

juni

juni

juli

juli

augustus

avgust

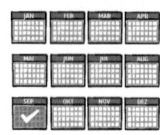

september
....
septembar

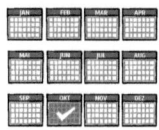

oktober
....
oktobar

november
....
novembar

december
....
decembar

vormen
oblici

cirkel
....
krug

vierkant
....
kvadrat

rechthoek
....
pravougao

driehoek
....
trougao

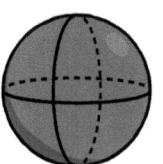

bol
....
kugla

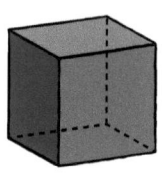

kubus
....
kocka

wit

bjel

geel

žut

oranje

narandžast

roze

pink

rood

crven

paars

ljubičast

blauw

plav

groen

zelen

bruin

smeđ

grijs

siv

zwart

crn

veel / weinig

malo / mnogo

boos / rustig

ljutit / miran

mooi / lelijk

lijep / ružan

begin / einde

početak / kraj

groot / klein

veliki / mali

licht / donker

svijetlo / tamno

broer / zus

brat / sestra

schoon / vies

čist / prljav

volledig / onvolledig

potpun / nepotpun

dag/ nacht

dan / noć

dood / levend

mrtav / živ

breed / smal

široko / usko

eetbaar / oneetbaar

ukusno / neukusno

gemeen / aardig

zao / prijatan

opgewonden / verveeld

uzbuđen / dosadan

dik / dun

debeo / mršav

eerste / laatste

najprije / najkasnije

vriend / vijand

prijatelj / neprijatelj

vol / leeg

pun / prazan

hard / zacht

trvd / mekan

zwaar / licht

težak / lagan

honger / dorst

glad / žeđ

ziek / gezond

bolestan / zdrav

illegaal / legaal

ilegalan / legalan

intelligent / dom

inteligentan / glup

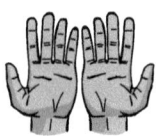

links / rechts

lijevo / desno

dichtbij / ver

blizu / daleko

nieuw / gebruikt

nov / polovan

niets / iets

ništa / nešto

oud / jong

star / mlad

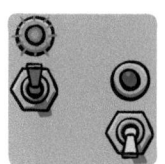

aan / uit

uključeno / isključeno

open / gesloten

otvoreno / zatvoreno

zacht / luid

tiho / glasno

rijk / arm

bogat / siromašan

goed / fout

tačno / pogrešno

ruw / glad

hrapav / glatak

verdrietig / gelukkig

tužan / srećan

kort / lang

kratak / dug

langzaam / snel

spor / brz

nat / droog

mokro / suho

warm / koel

toplo / hladno

oorlog / vrede

rat / mir

0

nul

nula

1

één

jedan

2

twee

dva

3

drie

tri

4

vier

četiri

5

vijf

pet

6

zes

šest

7

zeven

sedam

8

acht

osam

9

negen

devet

10

tien

deset

11

elf

jedanaest

12

twaalf

dvanaest

13

dertien

trinaest

14

veertien

četrnaest

15

vijftien

petnaest

16

zestien

šesnaest

17

zeventien

sedamnaest

18

achttien

osamnaest

19

negentien

devetnaest

20

twintig

dvadeset

100

honderd

sto

1.000

duizend

hiljada

1.000.000

miljoen

milion

getallen - brojevi

Engels

engleski

Amerikaans Engels

američki engleski

Chinees Mandarijn

kinesko mandarinski

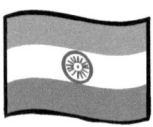

Hindi

hindi

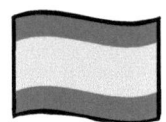

Spaans

španski

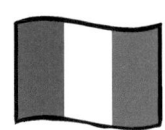

Frans

francuski

Arabisch

arapski

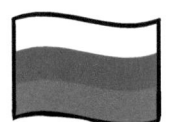

Russisch

ruski

Portugees

portugalski

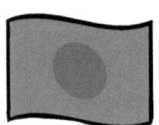

Bengalees

bengalski

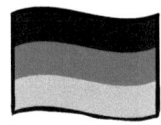

Duits

njemački

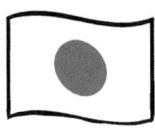

Japans

japanski

ik
....
ja

jij
....
ti

hij / zij / het
....
on / ona / ono

wij
....
mi

jullie
....
vi

zij
....
oni

wie?
....
ko?

wat?
....
šta?

hoe?
....
kako?

waar?
....
gdje?

wanneer?
....
kada?

naam
....
ime

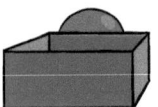

achter

iza

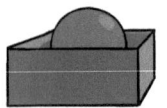

in

u

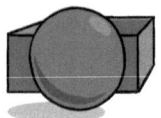

voor

pred

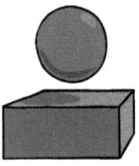

boven

iznad

op

na

onder

ispod

naast

pored

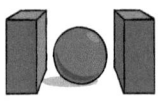

tussen

između

plaats

mjesto